LE BAL CHAMPÊTRE,

OU

LES GRISETTES A LA CAMPAGNE,

TABLEAU-VAUDEVILLE EN UN ACTE;

PAR MM. SCRIBE ET DUPIN,

REPRÉSENTÉ, POUR LA PREMIÈRE FOIS, A PARIS, SUR LE THÉATRE DE S. A. R. MADAME, DUCHESSE DE BERRY, LE 21 OCTOBRE 1824.

PRIX : 1 fr. 50 cent.

PARIS,

POLLET, LIBRAIRE, ÉDITEUR DE PIÈCES DE THÉATRE, RUE DU TEMPLE, N. 36, VIS-A-VIS CELLE CHAPON.

1824.

PERSONNAGES.	ACTEURS.
ANGELINA, Lingère............	Mlle ADELINE.
JOSÉPHINE. \} Couturières.....	Mlle DEJAZET.
TOINETTE. .	Mlle LAFITTE.
AMANDA...	Mme DORMEUIL.
PASTOUREL, Chef d'Orchestre...	M. NUMA.
BELJAMBE, Danseur de Société...	M. LEGRAND.
ANNETTE, Paysanne...........	Mlle FLEURY.
POUSSIF, Conducteur de Cabriolets de place.	M. BERNARD-LÉON, j^e.
M. DURFORT, banquier.......	M. DORMEUIL.
Mad. DURFORT, sa femme.....	Mme MERCIER.

La Scène se passe aux environs de Paris.

—◆◎◆—

NOTA. S'adresser, pour la musique de cette pièce et pour celle de tous les ouvrages représentés sur le Théâtre de MADAME, à M. THÉODORE, Bibliothécaire et copiste, au théâtre de MADAME.

—◆◎◆—

Vu au Ministère de l'Intérieur, conformément à la décision de S. Exc., en date de ce jour.

Paris, le 16 juillet 1824.

Par ordre de Son Excellence,
Le Chef adjoint,
COUPART.

De l'Imprimerie de DAVID, rue du Faubourg Poissonnière, n° 1.

LE BAL CHAMPÊTRE,

TABLEAU-VAUDEVILLE EN UN ACTE.

Le Théâtre représente la rotonde d'un bal champêtre.— Au milieu du Théâtre est l'orchestre.— A droite et à gauche des chaises.— Au fond, un jardin.

SCÈNE PREMIÈRE.

BELJAMBE, PASTOUREL.

BELJAMBE.
C'est ce cher Pastourel que je retrouve ici !
PASTOUREL.
Le directeur de l'établissement vient de m'arrêter au passage, et c'est moi qui dirige l'orchestre.
BELJAMBE.
A la bonne heure ; car depuis ton absence, nous autres danseurs à la mode.. nous ne savions plus sur quel pied... nous tenir... toi qui étais l'âme de tous les bals, le génie de la contredanse, le privilégié du galoubet.
PASTOUREL.
Il est vrai que je suis maintenant le premier flageolet d'Europe ; du moins, c'est l'avis de tous les orchestres ; et c'est mon talent qui a motivé mon absence... je viens d'Angleterre... L'Angleterre, monsieur !.. quel beau pays !... C'est là, qu'on sait encourager les arts... j'ai été engagé pour douze bals, à 500 fr. par soirée.

AIR : *Tout ça passe en même temps.*

En voyageur troubadour,
A ma gloire rien ne manque ;
Car j'ai fait danser la cour,
Le ministère et la banque :
Oui, chez ces Anglais si tristes,
Homme en plac', belle aux yeux doux,
Banquiers et capitalistes,
Tout ça saut' (*bis*) comme chez nous.

BELJAMBE.

Tu dois alors revenir bien riche.

PASTOUREL.

Dieu merci... cela sonne assez bien... Mais j'ai besoin de repos, parce que, dans notre état, voyez-vous, la gloire nous exténue... on n'estime pas assez le galoubet... on ne sait pas ce qu'il en coûte pour l'exercer. J'entends vanter les *Baillot*, les *Lafond*, les *Habeneck*... Qu'est-ce que c'est que ça, monsieur, que de jouer du violon?.. faites-les jouer du flageolet, et vous m'en direz des nouvelles... D'abord, on a remarqué que presque tous les grands flageolets meurent extrêmement jeunes... je ne sais pas si c'est cela qui a tué *Mozart*... mais moi, monsieur, en Angleterre, je ne vivais que de privations... j'étais à la gloire et au lait d'ânesse pour toute nourriture... sans compter la composition.

BELJAMBE.

Comment, monsieur Pastourel! vous êtes compositeur?

PASTOUREL.

Oui, monsieur... j'ai le génie de l'inspiration... je reçois le feu créateur... de la seconde main, il est vrai... d'après *Rossini*, *Boyeldieu* et *Auber*, je les mets en contredanse... je les arrange... c'est la mode.

A<small>IR</small> *de Turenne.*

Oui, vers le temple de mémoire,
Commodément l'on voyage aujourd'hui :
Vient un grand homme, on s'accroche à sa gloire,
Et l'on fait fortune avec lui.
Jouant ainsi différens rôles,
C'est un chemin qu'on franchit de moitié ;
Les gens d'esprit le gravissent à pié,
Et nous autres sur leurs épaules.

Mais vous, monsieur Beljambe, est-ce que vous avez abandonné la danse?... vous qui étiez un de nos fameux.

BELJAMBE.

Oui, autrefois... je croyais que ça me pousserait dans le monde... j'y avais une vocation... j'étais taillé pour cela... mais j'ai vu que cela ne menait à rien, j'ai changé de batteries, je me suis mis homme à bonnes fortunes.

PASTOUREL.

Est-ce que c'est un état?

BELJAMBE.

Oui, sans doute... d'abord, c'est agréable... et puis ça peut devenir utile... moi qui n'ai rien, ça peut me mener à quelque bon mariage... car, dans ce moment, j'ai des succès étonnans... cinq ou six passions à la fois... jamais moins, quelquefois plus...

PASTOUREL.

Et dans tout cela, y a-t-il quelque établissement en perspective?

BELJAMBE.

Oui, mon garçon... une petite lingère... charmante, qui a un beau magasin bien achalandé, et à peu près quatre ou cinq mille livres de rente... voilà tout ce qu'il me faut... Auprès de ma petite lingère, je n'aurai pas d'ambition.

AIR *de l'artiste.*

> Dentelles, broderie,
> C'est là ce qu'il me faut;
> Près de femme jolie,
> Je puis faire jabot :
> Chacune me redoute,
> Et sultan du comptoir,
> Je puis, sans qu'il m'en coûte,
> Leur jeter le mouchoir.

Ah ça! le jour du mariage, je compte sur toi pour conduire l'orchestre.

PASTOUREL.

Je n'y manquerai pas... et je vous traiterai en ami : j'ai une nouvelle contredanse... tra la, la, la... chassez huit.... En revanche, j'espère que vous me ferez le plaisir d'assister à ma noce... car je viens en France pour me marier... Il y a trois mois, avant mon départ... j'étais amoureux d'une jeune couturière, qui m'a promis d'être fidèle... ainsi, je suis tranquille : c'est dans cette classe estimable et vertueuse que s'est réfugié le véritable sentiment. Aussi il ne

faut pas les confondre avec les marchandes de modes.....
c'est bien différent... je n'ai pu y courir, à cause du devoir...
(*montrant l'orchestre*) qui me retient aujourd'hui... mais
demain, libre envers la gloire, et quitte avec l'amour,
(*composant*) Tra, la, la... le cavalier en avant...

BELJAMBE.

A merveille... et puisque tu conduis l'orchestre, tâche,
quand je danserai, que les contredanses soient plus longues.

PASTOUREL.

C'est dit... on vous mettra un pantalon et une poule de
plus... Elle vient donc ce soir?

BELJAMBE.

Oui... je dois l'y rencontrer par hasard... On ne m'a pas
permis de l'y conduire, à cause des propos.... et puis elle
ne me l'a pas dit... mais j'ai deviné.

AIR : *Vaudeville de la Veuve du Malabar.*

Il est, je le parie,
Quelque rival jaloux,
Que l'on me sacrifie....

PASTOUREL.

Je pense comme vous.
Quelque imbécille,
Comme l'on en voit mille.
(*composant.*)
En avant deux, et donnez-moi la main.
C'est divin....
Je tiens ma contredanse;
Quel bonheur sans égal;
J'ai bientôt l'espérance
De tenir mon final.

BELJAMBE.

Quoi ! le final de votre contredanse.

PASTOUREL.

Sans contredit,
Balancez, chassez huit,
Tra la la....

ENSEMBLE

BELJAMBE.
Achève ton ouvrage
En attendant le bal ;
A ce soir... du courage...
Dieu ! quel original !

PASTOUREL.
Que j'aime ce passage !
Quel bonheur sans égal !
Je vais dans ce bocage,
Achever mon final.

(*Il sort en chantant et en dansant.*)

SCÈNE II.

BELJAMBE seul, *regardant du côté opposé.*

Quelle est cette société?... eh! mais, je ne me trompe pas... c'est ma charmante lingère... ma tendre Angelina et ses bonnes amies.

SCÈNE III.

BELJAMBE, ANGELINA, AMANDA, JOSÉPHINE, TOINETTE.

CHOEUR.

Air : d'*Armide*.

Quelle route inhumaine !
Quelle chaleur ! c'est à périr,
Mon Dieu, qu'on a de peine
Pour avoir du plaisir !

AMANDA.
Il faut, mesdemoiselles,
Vous résigner ici ;
Le plaisir a des ailes,
Pour qu'on coure après lui.

TOUTES, *en chœur.*
Quelle route inhumaine ! etc.

BELJAMBE, *s'avançant.*

Me sera-t-il permis, mesdemoiselles, de vous offrir mes hommages?

TOUTES.

Eh! c'est monsieur Beljambe.... (*bas à Angelina*) est-ce que tu le connais?

ANGELINA, *baissant les yeux.*

Oui... depuis quelque temps... je l'ai rencontré, il y a quinze jours, au bal de Saint-Mandé.

AMANDA.

Elle ne nous en avait pas parlé.

BELJAMBE.

Je vois que ces dames ont à se plaindre de la chaleur et de la poussière... les roses craignent le soleil.

JOSÉPHINE.

Et surtout les petites voitures... on y est tellement secoué...

BELJAMBE.

Je comprends... ça les effeuille, ça effeuille les roses... continuité de la métaphore.

ANGELINA, *à Joséphine.*

Tu as sans doute payé le cocher?

JOSÉPHINE.

Non.

TOINETTE.

Ni moi.

AMANDA.

Ni moi.

JOSÉPHINE.

Il va croire qu'il est retenu pour la soirée.

BELJAMBE.

Je cours tout arranger.

ANGELINA.

Ah! mon Dieu, monsieur, que vous êtes bon!... Un cocher en capote.

AMANDA.

Un coucou jaune.

JOSÉPHINE.

Un cheval borgne.

TOINETTE.

Et l'autre boiteux.

BELJAMBE.

Ah! diable... j'aurais voulu quelque chose de plus caractérisé.... car voilà un signalement.... bien vague.... et bien général.... mais enfin, je tâcherai de suppléer.... je cours, et je reviens.

(*Il sort.*)

SCÈNE IV.

JOSÉPHINE, AMANDA, ANGELINA, TOINETTE.

ANGELINA.

Je vous demande s'il est possible d'être plus complaisant!..... Aussi, mesdemoiselles, nous sommes bien heureuses de l'avoir rencontré.

JOSÉPHINE.

Tiens, Angelina, j'ai idée que tu dissimules..... et que c'est un hasard fait exprès.

TOINETTE.

Et moi, j'en suis sûre.

JOSÉPHINE.

Oui, oui...... nous connaissons cela!..... Qu'est-ce que cela te fait?.... dis-nous le.

ANGELINA.

Eh! bien, mesdemoiselles, s'il faut vous l'avouer..... C'est un rendez-vous indirect que je lui avais donné.

JOSÉPHINE.

Comment! est-ce que ce serait sérieux? Ah! bien, ma chère, prends-y garde.

AMANDA.

Y penses-tu?

AIR : *Faut l'oublier.*

Malgré son air aimable et tendre,
Il est perfide et séducteur.

JOSÉPHINE.

Et volage comme un danseur.

ANGELINA.

Dieu! que venez-vous de m'apprendre!

AMANDA.
Oui, par des conquêtes nouvelles,
Son cœur est toujours occupé.
JOSÉPHINE.
Et sans façon, il a trompé
Toutes les belles,
Excepté celles
Qui, par vertu,
L'ont prévenu.

TOUTES EN CHŒUR.
Toutes les belles, etc.

JOSÉPHINE.
Moi, d'abord, j'ai connu la petite Polite..... Une de mes amies, qu'il a rendu très-malheureuse.
AMANDA.
Sans compter qu'il n'a rien.... Et toi qui, comme couturière, avais déja fait des économies.... toi qui, depuis, as fait une succession et acheté un magasin de lingère.... tu sens bien que tu es un parti qui en vaut bien la peine.
JOSÉPHINE.
Et puis enfin, ce petit Pastourel qui était si bon enfant.
TOINETTE.
Et qui est parti en Angleterre, pour faire fortune.

AIR *du Jaloux malade.*

Je prévois sa douleur mortelle.
ANGELINA.
Je l'aime et le plains plus que vous.
JOSÉPHINE.
Tu lui promis d'être fidèle.
ANGELINA.
Est-ce que ça dépend de nous?
JOSÉPHINE.
Ton cœur devait brûler sans cesse.
ANGELINA.
Hélas! j'ai tenu mon serment;
J'ai toujours la même tendresse,
Mais je n'ai plus le même amant.

JOSÉPHINE.
Cependant, Angelina, nous te le disons en amies,

et dans ton intérêt; il faudrait tâcher de raisonner un peu tes inclinations.

AMANDA.

Moi, par exemple..... Voilà M. Victor Desallures, le fils d'un marchand de chevaux......

JOSÉPHINE.

Voilà M. Auguste Flotté, neveu d'un marchand de bois, qui veulent nous épouser..... ce sont des gens comme il faut.... des jeunes gens établis.

ANGELINA.

Je sens bien, mes bonnes amies, que tout ça est vrai... je devrais suivre votre exemple et vos conseils..... mais que voulez-vous? quand l'inclination y est et que la tête n'y est plus, il n'y a pas moyen de raisonner....... c'est plus fort que moi, je suis subjuguée.

JOSÉPHINE.

C'est ça, la tête montée....... voilà comme on fait des bêtises qui vous compromettent... si encore on ne le savait pas.

TOINETTE.

Mais c'est que ça se répand toujours.

ANGELINA (*pleurant*).

Allez... ce n'est pas d'aujourd'hui que je m'en fais des reproches; et si vous saviez ce que j'ai souffert.....

TOUTES.

Cette pauvre Angelina....

JOSÉPHINE.

C'est pourtant pour des hommes que nous nous mettons dans des états comme ça... Dieu!... faut-il qu'une femme soit bête?

ANGELINA, *essuyant ses yeux*.

Par exemple, il m'a bien promis qu'il était changé; et si je découvrais maintenant la moindre infidélité...... je vous promets bien que sur le-champ ça serait fini...... taisez-vous, car le voici.

SCÈNE V.

Les Précédens, BELJAMBE, se disputant avec Poussif.

BELJAMBE.

Je vous prie de me laisser... je vous dis que vous êtes un insolent ; entendez-vous, mon cher.

POUSSIF.

Je ne vous quitterai pas que je n'aie mon compte.... vrai, comme je m'appelle Nicolas Poussif, conducteur de coucous.

ANGELINA.

Eh ! mon Dieu ! qu'y a-t-il donc ?

POUSSIF.

Allons, décochez la pièce de cinq francs, et que ça finisse.

BELJAMBE.

Je vous ai dit que je vous donnerais quatre francs..... c'est le prix convenu avec ces dames.

POUSSIF.

C'est vrai... si c'est ces dames qui paient elles-mêmes, parce que je suis galant... mais dès que c'est vous, ça devient plus cher.

BELJAMBE.

C'est ça, il me fait payer à l'heure ; et il paraît qu'il en a mis cinq, pour venir de Paris ici....

POUSSIF.

Qu'est-ce que vous dites ?

BELJAMBE.

Je dis qu'avec vous, mon cher, il n'y a pas besoin de faire assurer la grande route par la compagnie du phénix... parce que vous ne brûlez pas le pavé... (*Toutes les dames se mettent à rire.*)

POUSSIF.

Ah ! tu fais le joli-cœur...... ce sera vingt sols de plus, ou je fais claquer mon fouet.

BELJAMBE, *aux dames.*

Vous voyez bien que c'est un grossier personnage, qui n'a pas l'habitude de la société..... je lui donne les six francs, par égard pour vous... (*à Poussif*) vas... si je n'étais pas avec des dames, je te menerais loin, mon drôle.

POUSSIF.

Et comment ça?

BELJAMBE.

Je te menerais à la préfecture...... à Paris...... et même maintenant.....

BELJAMBE, *à Angelina.*

AIR : *Tenez, moi je suis un bonhomme.*

Sans vous, sans votre compagnie,
Déjà je l'aurais éclopé.

AMANDA, *le retenant.*

Ah! monsieur, je vous en supplie.

POUSSIF.

Laissez donc... ce cheval échappé.
En voyant l'air dont il s' démène,
On croit qu'il est dans les méchans;
Mais il ressemble à ceux que j' mène,
Il n'a jamais pris l' mors aux dents.

BELJAMBE, *qu'on retient toujours.*

C'est trop fort...... je ne puis me laisser insulter par un coucou.

ANGELINA.

Monsieur Beljambe, au nom du ciel....... je vous prie, monsieur Beljambe, de me donner le bras pour faire le tour de la rotonde....... je ne connais point le jardin.

BELJAMBE.

C'est donc pour vous obéir.... mais il ne risque rien.... je le retrouverai.

POUSSIF.

Va, va, les coucous sont bons-là.

BELJAMBE, *en s'en allant.*

Oui, pour ceux qui vont à pied.

SCÈNE VI.

Les Précédens, hors ANGELINA, et BELJAMBE.

POUSSIF.

Je vous demande pardon, mesdames, de l'avoir brutalisé un peu; quand je vois de ces faquins-là, ça me met en colère.

TOINETTE.

Et pourquoi donc?

POUSSIF.

Ce sont eux qui viennent en conter à nos jeunes filles.. Aussi nos paysannes sont maintenant des élégantes.

AMANDA.

Il est vrai qu'il règne une recherche dans leur toilette..

POUSSIF.

Oui..... Elles sont pimpantes et légères..... Autrefois c'était lourd et honnête.... On pouvait épouser ça de confiance... Aujourd'hui ça n'est plus ça.

AMANDA.

Voilà un cocher bien exigeant.

POUSSIF.

Oui, mam'selle...

AIR. *Du vaudeville de Fanchon.*

Nous autr's à la richesse
Préférons la sagesse,
Voilà comm' je somm's faits :
Aussi dans mon allure,
A la fortun' douc'ment je vais.

JOSÉPHINE.
Si c'est dans sa voiture,
Il n'arriv'ra jamais.

POUSSIF.

Dites-moi, mesdames..... Faudra-t-il tantôt venir vous reprendre?

JOSÉPHINE.

C'est que nous nous en irons peut-être bien tard.

POUSSIF.

Ça m'est égal..... Je ne bouge pas d'ici..... J'ai des motifs sédentaires.

AMANDA.

Ah! vous restez ici!

POUSSIF.

Oui, mesd'moiselles... Je vais me requinquer.... l'œil de poudre.... le pantalon de nankin ; et je viens au bal pour observer, parce que, quand on est amoureux et jaloux, faut faire son état.

AMANDA.

Quoi, vraiment.....! Vous êtes amoureux?

POUSSIF.

D'Annette Bertrand, la plus jolie et la plus friponne de toutes les paysannes des environs.

JOSÉPHINE.

Je l'ai vue plusieurs fois au bal..... Elle vient toujours nous parler.

POUSSIF.

Oh! je le crois bien.... Au lieu d'être une bonne et grosse fermière, elle veut faire la d'moiselle comme il faut, et tout ça pour me faire enrager et me faire des traits.... Aussi, je suis malheureux que c'est une pitié..... Et mon cheval donc! Pauvre bête !

AIR : *A ma margot du haut en bas.*

Que les chevaux sont malheureux,
Quand les cochers sont amoureux !
Lorsque de Paris je m'élance,
Faut voir, dans mon impatience,
Comment, pour arriver plutôt,
Je mets Bucéphale au galop ;
Et l'amour (*bis*) à c'te pauvre bête,
  Fera tourner la tête.
Que les chevaux sont malheureux,
Quand les cochers sont amoureux !

Deuxième couplet.

Et quand je quitte ma maîtresse,
Dans la jalousi' qui me presse,
Croyant frapper sur mon rival,
Je frappe le pauvre animal;
Et quelqu' jour (*bis*) il crèv'ra, j' parie,
D'un accès d' jalousie.

TOUTES LES DAMES AVEC POUSSIF.

Que les chevaux sont malheureux,
Quand les cochers sont amoureux!

Je vais au bal guetter cette perfide, et si elle danse ce soir avec un autre que moi, celui-là n'a qu'à bien se tenir : ça sera sa dernière contredanse.

(*Il sort.*)

SCÈNE VII.

Les Précédens, ANNETTE, *entrant par la gauche.*

AMANDA.

Le pauvre garçon !... eh! mais voilà justement mademoiselle Annette.

ANNETTE.

Bonjour, mesdemoiselles.

JOSÉPHINE.

Votre amoureux sort d'ici.

ANNETTE.

Oh! je l'ai bien vu, et j'attendais qu'il fût parti, parce que c'est un vilain jaloux... Dites-moi d'abord, si je suis bien mise.

AMANDA.

Mais oui, pas mal pour une paysanne.

ANNETTE.

Et le fichu, n'est-il pas trop long?

TOINETTE.

Oui... on pourrait le baisser un peu.

JOSÉPHINE.

Et avec une épingle de chaque côté.

ANNETTE.
Dieux! mesdemoiselles, que vous êtes bonnes!

Air *de l'Ecu de six francs.*

JOSÉPHINE.
Rien ne manque à votre toilette.

ANNETTE.
Dam! j'ai mis mes plus beaux habits.

AMANDA.
Dans sa parure, elle est coquette
Plus que les dames de Paris.

ANNETTE.
Pour aujourd'hui, c'est vrai, j' suis franche,
Mais ces dam's, dans leurs riches atours,
Pour êtr' coquett's ont tous les jours;
Et nous n'avons que le dimanche.

Et puis, dites donc; j'ai une fière nouvelle à vous apprendre.

TOUTES.
Qu'est-ce que c'est?... Dis-nous bien vîte.

ANNETTE, *passant au milieu des trois demoiselles.*
J'ai aperçu tout-à-l'heure mademoiselle Angelina, une de vos bonnes amies, qui entrait dans une allée avec un grand jeune homme... moi, qui n'avais rien à faire,... je me suis dit : en attendant que le bal commence, je m'en vais les suivre.

TOUTES.
Comment, mademoiselle!

ANNETTE.
Ce n'est peut-être pas bien.... mais ça occupe.

Air : *Que d'établissemens nouveaux.*

Pour un' paysann' tell' que moi,
Ecouter est souvent utile;
Je n' puis que profiter, je croi,
Aux discours des dam's de la ville :
Leur langage me servira;
Aux politess' faut correspondre...
Et si quelqu'un m' parlait comm'ça,
Au moins, j' saurai comment répondre.

Voilà donc que je m'avance en tapinois, et je me blot-

Le Bal champêtre. 2

tis derrière un buisson où ils s'étaient arrêtés.... le monsieur lui disait : « non.... vous êtes une cruelle... vous ne » voulez pas m'aimer... vous ne m'aimez pas... » enfin, ce qu'on dit toujours; aussi je vous passe ça... il continuait : « c'est mademoiselle Amanda... c'est mademoi- » selle Joséphine qui en est la cause... on vous a préve- » nue contre moi.... » et alors, mesdemoiselles, il s'est mis à dire du mal de vous... oh! mais... un mal affreux... qu'il vous avait fait la cour, et que vous étiez jalouse de lui.

JOSÉPHINE.

Si on peut faire des mensonges pareils !... je te le demande, Amanda?

AMANDA.

Et moi donc !... mais il n'en faut pas davantage pour occasionner des rapports... ça n'aurait qu'à venir aux oreilles de Victor, il me ferait une scène, ma chère.

JOSÉPHINE.

Mais ça ne se passera pas ainsi... il faut rompre le mariage... il faut qu'Angelina connaisse la vérité.

AMANDA.

Oui, sans doute... ne fut-ce que pour nous venger.

TOINETTE.

Et pour les faire enrager tous deux.

JOSÉPHINE.

Et puis, par amitié pour elle.... mais comment nous y prendre?

ANNETTE.

Oui... qu'est-ce que nous allons faire ?... car j'en suis, n'est-ce pas?... c'est moi qui ai apporté la nouvelle.

AMANDA.

Ecoutez : vis-à-vis notre magasin, est un bel hôtel qui est habité par un banquier... M. Durfort, qui a une femme à la mode... une dame du grand genre... Et du fond du comptoir, j'ai vu souvent M. Beljambe passer sous ses fenêtres, s'y arrêter long-temps, et soupirer... le tout sans succès, car on n'a jamais fait attention à lui..... Mais si nous lui envoyons une lettre au nom de cette dame... une demi-déclaration, à coup sûr il y répondrait; et, en portant cette réponse à Angelina... elle saurait à quoi s'en tenir sur la fidélité de son prétendu.

JOSÉPHINE.

A merveille... il ne s'agit plus que de composer la lettre.

ANNETTE.

Pour ça, je n'y entends rien... car je n'en ai jamais écrit, mais c'est bon... ça m'apprendra.

TOINETTE.

Nous n'avons ici ni plume, ni encre.

AMANDA.

Tant mieux... au crayon, c'est bien plus mystérieux... (*fouillant dans son sac*) j'ai là un souvenir que m'a donné Victor.

JOSÉPHINE, *s'asseyant sur une chaise.*

Très-bien... c'est moi qui vais écrire. (*Joséphine est assise, et les trois autres sont groupées autour d'elle.*

AMANDA.

Oui, oui... Joséphine a une bien plus belle écriture.... au magasin, c'est elle qui fait toutes les factures.

JOSÉPHINE.

A la bonne heure... mais je ne sais pas comment composer cette déclaration.

AMANDA.

Une idée !.... tâchons de nous rappeler, dans celles que nous avons reçues... chacune une phrase.

JOSÉPHINE.

Elle a raison... chacune une phrase... j'en tiens une : « *Ne craignez pas de recevoir ces mots, d'une main « qui vous est inconnue.*

AMANDA.

C'est bien... ça peut commencer par là... attendez.. je me souviens d'une autre : « *il est impossible de vous voir » sans vous aimer, et je vous ai vue* »

ANNETTE.

Faut ajouter.... *sous ma fenêtre.....* puisque c'est là qu'il allait.

JOSÉPHINE.

C'est très-juste.... la petite a raison.

AMANDA.

Adopté (*à Toinette*) eh bien! et toi, est-ce que tu ne te rappelles rien?

TOINETTE.

Ecoutez donc, mademoiselle, je n'ai jamais reçu de lettres que de mon cousin.

JOSÉPHINE, *riant*.

Une correspondance de famille.

AMANDA.

Eh! bien.... qu'est-ce qu'il te disait?

TOINETTE.

Je me souviens, dans sa première lettre, d'une phrase qui finirait bien... « *Je vous jure que tous mes vœux seront remplis.... si le plaisir fait battre votre sein quand vous lirez la signature.* »

ANNETTE.

Dieux! que c'est joli!

AMANDA.

Que tu es bête!... c'est bon pour une femme...... mais on ne peut pas adresser cela à un homme.

JOSÉPHINE.

Eh! bien.... attendez.... un changement.... « *mes vœux seront remplis, je vous jure, si le plaisir brille dans vos yeux.* »

ANNETTE.

C'est juste!... des yeux! tout le monde en a!

AMANDA.

Signe, *madame de Durfort*... et puis c'est fini.

TOUTES.

Relisons maintenant.

JOSÉPHINE, *prenant le papier, et lisant*.

AIR : *Femmes, voulez-vous éprouver ?*

« Ne craignez pas de recevoir
» Ces mots d'une main inconnue,
» Est-il possible de vous voir
» Sans aimer ?... et je vous ai vue...
» Sous ma fenêtre... et tous mes vœux
» Seront remplis, je vous le jure,
» Si le plaisir brille en vos yeux,
» Quand vous lirez la signature. »

Il est très-bien.

ANNETTE.

Dam! quand il y a tant de monde qui y travaille.

JOSÉPHINE.

Ah! mon Dieu, mesdemoiselles, et l'orthographe!

AMANDA.

C'est vrai.... nous n'y avons pas pensé... mais M. Beljambe qui est danseur, n'en sait pas plus que nous.

ANNETTE.

Il ne s'agit plus que de le remettre.

JOSÉPHINE.

Tenez....voyez-vous dans cette allée Angelina et son cavalier.

TOINETTE.

Eh bien!... pour la réponse...

JOSÉPHINE.

C'est juste... il faut indiquer un endroit... (*regardant dans un allée, et ensuite écrivant*) réponse... dans le creux du troisième arbre, l'allée à droite.

ANNETTE.

Donnez... donnez... je me charge de lui glisser dans la main... sans qu'il me voye.... et puis quand il me verrait, il ne se défierait pas de moi, j'y vais tout de suite.

AMANDA.

A merveille... son bon ami de tout à l'heure avait raison... la petite promet...

SCÈNE VIII.

AMANDA, JOSÉPHINE, TOINETTE.

TOUTES TROIS.

Air *de la Clochette.*

C'est très-bien.   (*bis*)
Quelle joie est la mienne!
Ce moyen...   (*bis*)
Prendra, j'en suis certaine...
A ce billet il va répondre...
Et quel plaisir de le confondre!

Taisons-nous (*bis*) d'ici je crois l'entendre,
Taisons-nous (*bis*) afin de le surprendre ;
Oui, c'est lui,
Le voici... le voici... le voici.

(*Elles sortent toutes par l'allée à gauche, excepté Joséphine, qui, regardant vers l'allée à droite, dit :*

Non... il ne vient pas encore... Quel est donc ce jeune homme qui cause avec lui?... il me semble que je le connais.

SCÈNE IX.

JOSÉPHINE, PASTOUREL.

PASTOUREL.

Eh bien par exemple.... a-t-il des aventures !.... Et de peur de se compromettre, emprunter ma main..... En voilà un fameux !.... Il entend joliment son état d'homme à bonnes fortunes !.... Je veux lui dédier ma première contredanse : *la Lovelace*.... une gigue anglaise.

JOSÉPHINE.

Je ne me trompe point.... C'est monsieur Pastourel.

PASTOUREL.

Mademoiselle Joséphine !.... L'amie de mon amie......

JOSÉPHINE.

Vous voilà donc de retour de l'Angleterre ?

PASTOUREL.

J'en arrive.... Et ma chère Angelina !.... Il y a si longtemps que je ne l'ai vue, que je n'ai reçu de ses nouvelles.. La *Manche* nous séparait.... Et entre artistes, on ne s'écrit pas ; mais on s'aime toujours.

JOSÉPHINE.

Elle est ici avec nous... Au bal.

PASTOUREL.

Il se pourrait !.... Quel bonheur !....

JOSÉPHINE, *gravement, et d'un air composé.*

Oui, mais.... Elle n'y est pas seule....

PASTOUREL.

Vous avez un air, en me disant cela....

JOSÉPHINE, *de même.*

Voyez-vous, mon cher.... On a souvent tort d'aller en Angleterre.... parce que, même en restant en France, on n'est pas encore bien sûr...

PASTOUREL.

Que voulez-vous dire?

JOSÉPHINE.

Est-ce que vous connaissez le jeune homme avec qui vous étiez tout à l'heure?

PASTOUREL.

C'est un ami intime...que je ne connais pas beaucoup.. C'est un gaillard qui fait ses trois ou quatre conquêtes par jour.

JOSÉPHINE.

Eh! bien...... Il paraît qu'Angelina en est une de la semaine..... Car c'est elle qu'il épouse.

PASTOUREL.

Qu'est-ce que vous me dites-là?.... Il doit se marier à une petite lingère.

JOSÉPHINE.

Précisément, Angelina a fait un héritage.... Elle a pris un magasin.

PASTOUREL.

Je ne puis en revenir encore..... Quel affront pour la musique! Moi, Pastourel! Un artiste distingué!.. qui revenais chargé de gloire, de guinées.

JOSÉPHINE.

Calmez-vous.... Je vous en conjure.

PASTOUREL.

Si c'était d'une autre..... Je ne dis pas..... (*pleurant*) Mais voyez-vous, mademoiselle Joséphine, je croyais aux couturières....

JOSÉPHINE.

Pauvre garçon!... Il croyait aux couturières...

PASTOUREL.

J'avais confiance..... et c'est.....

JOSÉPHINE.

Rassurez-vous, Angelina n'est qu'égarée; et nos avis, nos conseils, surtout notre exemple.... D'ailleurs, nous nous sommes arrangées pour perdre votre rival; et nous n'attendons plus qu'une preuve.

SCÈNE X.

Les Précédens, AMANDA, ANNETTE, TOINETTE, *accourant.*

AMANDA.

La voici...... La voici...... La victoire est à nous...... (*appercevant Pastourel*) C'est vous, monsieur Pastourel.. Vous ne pouviez revenir plus à propos, pour jouir de la défaite d'un rival.

JOSÉPHINE.

Car, pendant votre absence, nous défendions vos intérêts.

PASTOUREL.

O amitié des femmes!.... ô sentiment pur et désintéressé!

TOINETTE, *qui tient le papier.*

Voici qui doit confondre le traître.

ANNETTE.

C'est une lettre de sa main.

JOSÉPHINE.

Donnez... donnez... enfin, nous triomphons; et voici de quoi le perdre aux yeux d'Angélina. (*Elle regarde l'écriture de la lettre.*) Ah! mon Dieu! ce n'est pas son écriture... Qu'est-ce que cela veut dire?.... C'est celle de monsieur Pastourel.

PASTOUREL.

Quoi! ce serait une réponse à madame Durfort!

JOSÉPHINE.

Précisément.

PASTOUREL.

C'est moi qui viens de l'écrire.

TOUTES.

Il se pourrait!... c'est vous!

ANNETTE.

Est-il bon enfant!

PASTOUREL.

Eh! oui, parce qu'il soupçonnait quelque ruse; il se méfiait de vous; car nous avons affaire à un malin; et moi, je lui ai servi de secrétaire... que voulez-vous? j'ignorais ses projets.... et puis, l'insouciance d'un artiste....

ANNETTE.

Quel dommage!... tout est fini.

JOSÉPHINE.

Eh! bien, voyons, mesdemoiselles, ne perdons pas courage : que contient ce billet? (*elle lit l'adresse.*) » A madame Durfort. (*lisant le contenu de la lettre.*) » Belle dame, la lettre que j'ai reçue, vient-elle de vous? » j'en doute encore; je le croirai, si, ce soir au bal, je » vous vois porter le bouquet de bleuets ci-joint. »

AMANDA, *montrant le bouquet.*

Le voici.

PASTOUREL.

C'est bien ça... c'est moi qui l'ai écrit sous sa dictée.... et le plus terrible, c'est que madame Durfort, que je connais très-bien, est réellement au bal avec son mari.... je viens de la voir.

TOINETTE.

Alors, voilà la ruse découverte.

AMANDA.

Au contraire... si nous pouvions, par adresse, faire accepter ce bouquet à madame Durfort...

JOSÉPHINE.

Nous serions sauvées; parce qu'alors, monsieur Beljambe se croirait aimé.

PASTOUREL.

Et qu'alors, il s'ensuivrait, au milieu du bal, des déclarations, explications et révolutions, à ne plus s'y reconnaître.

AMANDA.

Surtout, si nous sommes là pour tout embrouiller.

TOINETTE.

Oui.... Mais comment engager une dame à la mode, à porter ce bouquet de bleuets?... Des fleurs des champs...

ANNETTE.

Attendez, mesdemoiselles; si ce n'est que cela, je m'en charge ; et j'espère en venir à bout.

PASTOUREL.

Il se pourrait!... Tenez, tenez... regardez monsieur et madame Durfort qui viennent de ce côté!

ANNETTE.

Eloignons-nous, et ne craignez rien.

PASTOUREL.

A merveille; je vais me concerter avec vous pour tout réparer. (*Ils sortent.*)

SCÈNE XI.

M. et Mad. DURFORT.

MAD. DURFORT.

Quoi! monsieur, pas un seul petit bal dans votre hôtel... pas même pour votre fête.

M. DURFORT.

Non, madame; je n'en donnerai pas un de l'hiver...... Je ne puis pas souffrir les bals de Paris.... ceux de la campagne, c'est différent : aussi, je vous mène à toutes les réunions champêtres des environs, à toutes les fêtes patronales.

MAD. DURFORT.

Comme c'est amusant!... L'autre semaine à *Meudon* ; dimanche dernier à *Fontenay* ; je prévois que ce soir, je vais périr d'ennui.

M. DURFORT.

Parce que vous ne trouverez point ici votre société ordinaire, parce que vous n'aurez point, comme dans la capitale, une foule de jeunes gens qui vous feront la cour.

MAD. DURFORT.

Sans doute.... dans les bals de Paris... il n'y a que cela d'amusant.

M. DURFORT.

Est-il possible d'être plus coquette ?... eh bien, madame, voilà pourquoi je les supprime... de pareilles réunions sont la perte des mœurs. Ici, au contraire, quelle candeur! quelle innocence!.. de bons villageois, simples et sans prétention... de jeunes paysannes bien franches et bien naïves... (*apercevant Annette qui s'avance*) Tenez, par exemple, regardez cette petite fille qui s'avance vers nous.

SCÈNE XII.

M. et Mme. DURFORT, ANNETTE.

ANNETTE, *à part.*

J'en ai assez entendu, et j'crois que je pouvons les aborder. (*Elle passe près d'eux et leur fait la revérence*).

M. DURFORT.

Où allez-vous donc ainsi, ma belle enfant?

ANNETTE.

Pardon, excuse, monsieur, madame... je venais savoir si le bal était commencé; et je vais rejoindre mes compagnes.

Mad. DURFORT.

Dites-moi, mon enfant, le bal d'aujourd'hui sera-t-il bien beau?

ANNETTE.

Oui, madame, il y aura un beau feu d'artifice; et le bal sera plus beau encore que celui de Fontenay-aux-Roses, où vous étiez dimanche dernier.

Mad. DURFORT.

Comment! vous m'y avez vue?

ANNETTE.

Oh! oui, madame; et j'ai bien des raisons pour ne pas l'oublier... car vous êtes la cause que j'ai eu bien du chagrin...

Mad. DURFORT.

Eh, mon dieu!.. contez-nous ça.

ANNETTE.

Non pas vraiment... je n'oserais jamais.

M. DURFORT.

Allons, allons, parle sans rien craindre.

ANNETTE.

Vous savez bien le moment... où tous les jeunes gens de la ville vous entouraient et vous regardaient... il y en avait qui disaient à voix basse : « Quelle différence d'avec

» les autres... voilà une jolie tournure, voilà qui est bon
» genre... ça se voit tout de suite. »

M. DURFORT.

Comment, ces messieurs disaient...

MAD. DURFORT.

Eh! qu'importe... laissez-la achever... cette petite fille est si amusante.

ANNETTE.

Oui... mais voilà le pire... c'est qu'il y avait parmi eux Nicolas Poussif... un jeune homme d'ici, qui me recherche pour le mariage; il ne vous a pas quitté des yeux de toute la soirée; et depuis ce temps-là, il ne me trouve plus gentille... il ne pense plus qu'aux dames de la ville.

MAD. DURFORT.

Cette pauvre enfant.

M. DURFORT.

Au fait, ce Nicolas Poussif est un impertinent.

ANNETTE.

Alors, pour lui plaire, je m'étais promis ce soir de bien observer, pour après tâcher de vous imiter, et de faire comme vous... mais plus je vous regarde, et plus je vois qu'il n'y a pas moyen... la belle toilette!... et surtout le beau bouquet!.. Dieu! qu'il me paraît joli!.. surtout quand je le compare au mien.

M. DURFORT.

Je le crois bien... ce sont des roses artificielles.

ANNETTE.

Ah! mon dieu... madame, si j'osais!

AIR *de la Robe et des Bottes.*

Je vous d'mand'rais une faveur bien grande,
 Mais vous n' voudrez pas, je le vois.

MADAME DURFORT.

Et pourquoi donc?... ne crains rien et demande.

ANNETTE.

 Ce s'rait de changer avec moi!
D'un inconstant pour ranimer sa flamme,
Pauvre d'attraits, à vous j' viens m'adresser;
Pour plaire il m' faut d' la parure, et madame
 Est assez rich' pour s'en passer.

mad. DURFORT, *ôtant son bouquet.*

Comment donc.... et de grand cœur.... Cette petite est charmante.

ANNETTE.

Que je suis contente!... Faut le placer de côté, n'est-ce pas, madame? Je le conserverai toujours, par reconnaissance.

MAD DURFORT.

Et moi, je le garderai par souvenir.

M. DURFORT.

Le bal ne va pas tarder à commencer; car voilà les habitués qui arrivent.

SCÈNE XIII.

Les Précédens, PASTOUREL, JOSÉPHINE, AMANDA, TOINETTE, plusieurs personnes du bal.

CHOEUR.

AIR : *The recovery*.

Vive un bal champêtre
Sous l'ombre d'un hêtre,
Le plaisir peut naître,
Sans blesser comme ailleurs
Les mœurs.

MAD. DURFORT.

Je vous rends justice ;
Agrément complet,
Bal, feu d'artifice.

ANNETTE.

Je m' charg' du bouquet.

CHOEUR.

Vive un bal, etc., etc.

MAD. DURFORT.

Vous souffrez, j'espère,
Que je danse ici.

M. DURFORT.

Je compte, ma chère,
M'en donner aussi.

CHOEUR.

Vive un bal, etc., etc.

Pendant cette reprise du chœur, M. Durfort invite Annette à danser.

ANNETTE, *faisant la révérence.*
C'est ben d' l'obligeance :
Va-t-on m'envier !
Quel honneur ! je danse
Avec un banquier.

CHŒUR.
Vive un bal champêtre, etc., etc.

JOSÉPHINE.
Est-ce qu'on ne va pas bientôt commencer?... l'orchestre n'arrive pas encore... (*Madame Durfort est assise à gauche, ainsi que plusieurs dames. A droite, Amanda, Joséphine, Toinette.*)

M. DURFORT, *à part, et près d'elles.*
Voilà les bals comme je les aime... C'est honnête, c'est décent...

AMANDA, *bas à Joséphine.*
Je ne vois pas M. Victor.

JOSÉPHINE.
Ni moi, Auguste. Ils ont pourtant promis de nous rejoindre à la salle de bal... parce qu'ici, c'est sans danger... ça n'a pas l'air...

M. DURFORT.
Hein! qu'est-ce que j'entends-là?

SCÈNE XIV.

Les Précédens, ANGELINA, *donnant le bras à M. Beljambe.*

AMANDA.
Mais viens donc, Angelina..... Nous te gardions une chaise auprès de nous. (*Angelina s'assied auprès de ces demoiselles; Beljambe et Durfort sont debout près d'elles*).

BELJAMBE, *regardant de l'autre côté en face.*
Dieu! qu'ai-je vu... madame Durfort... elle a mon bouquet... il n'y a plus de doute... *Il la salue profondément.*

MAD. DURFORT, *de l'autre côté.*

Je ne connais pas ce jeune homme, et je crois qu'il se trompe..... mais c'est égal. *Elle lui rend son salut; et Toinette, Amanda et Joséphine le font remarquer à Angelina.*

M. DURFORT, *à part.*

Quel est donc ce jeune homme qui vient de saluer ma femme? (*bas à Beljambe*)?..... Dites-moi, monsieur, est-ce que vous connaissez cette dame?

BELJAMBE.

Oui, monsieur... un peu.

M. DURFORT.

Et pourriez-vous me dire qui elle est?

BELJAMBE, *à demi-voix.*

C'est madame Durfort... la femme d'un riche banquier... Une petite femme fort aimable..... que j'ai l'avantage de voir à Paris. (*En ce moment les musiciens montent à l'orchestre*).

M. DURFORT.

Vous êtes donc reçu chez son mari?

BELJAMBE.

Non, monsieur, je ne le connais pas.. mais c'est égal... vous sentez qu'il y a d'autres moyens de se rencontrer. Par exemple, dans ce moment.... je suis un peu embarrassé (*Montrant Angelina du coin de l'œil*), parce qu'on m'observe de ce côté... mais une idée qui me vient... Je vais l'inviter à danser.

M. DURFORT.

Comment, monsieur?

BELJAMBE, *mettant ses gants.*

C'est le moyen d'avoir un tête-à-tête au milieu de cent personnes. (*entendant la ritournelle*) Justement, voici la contre-danse qui commence.

ANGELINA, *bas à ses compagnes.*

Comment, ma chère.... il va inviter cette dame!

JOSÉPHINE.

Sois tranquille.... tu en verras bien d'autres.

M. DURFORT.

Morbleu! je ne bouge pas de là.

ANNETTE, *accourant, et le prenant par le bras.*

Eh! vite, monsieur.... venez donc, la contredanse se forme.... et nous n'aurons plus de place..

M. DURFORT.

Est-ce que nous ne pouvons pas ici?...

ANNETTE.

Mais non, monsieur, c'est à la contredanse des paysans.

TOUT LE MONDE, *les poussant.*

Eh! oui, sans doute.... c'est plus loin.

SCÈNE XV.

(*Amanda a été invitée par Auguste; Joséphine par Victor; Toinette par son petit cousin; madame Durfort par Beljambe; ils forment une contredanse. Angelina est seule assise sur une chaise à droite, et ne danse pas. Pendant toute cette scène, l'orchestre conduit par Pastourel, joue une contredanse; et ceux qui ne parlent pas, forment les différentes figures.*)

BELJAMBE, *aux autres danseurs.*

Je vous prierai, messieurs, de vous repousser un peu, pour faire place à madame.

LES AUTRES DANSEURS.

Du tout, monsieur... c'est vous qui avez pris notre place.. car elle était retenue.

D'AUTRES.

Ah! mon Dieu, oui..

BELJAMBE.

Il suffit, messieurs, dès que vous ne connaissez pas les égards... il paraît qu'on n'en use pas.

UN MUSICIEN DE L'ORCHESTRE.

La chaîne anglaise.

BELJAMBE, *bas à madame Durfort.*

Ah! madame, je ne saurais vous exprimer le bonheur que m'a causé votre lettre.

Mad. DURFORT.

Comment, monsieur, ma lettre!

BELJAMBE.

Silence... (*Regardant du côté d'Angelina.*) On pourrait nous entendre... mais je n'ai pas besoin de vous dire que mon amour correspond au vôtre.

MAD. DURFORT, *à haute voix.*

Votre amour !.. qu'est-ce que cela signifie ?

ANGELINA, *qui est derrière eux, s'avançant.*

Quoi, madame !.. qu'y a-t-il ?

MAD. DURFORT.

C'est monsieur que je ne connais point, et qui a l'insolence de soutenir que je l'aime et que je lui ai écrit.

(*Angelina, Joséphine, Amanda, Toinette, s'avançant vers Beljambe.*

Comment, monsieur Beljambe !.. vous auriez l'indignité..

BELJAMBE.

Ah ça ! qu'est-ce qu'elle a donc ?... est-ce que c'est la mode maintenant de traiter ces affaires-là en séance publique... (*à Mme Durfort*) Eh bien ! oui, madame, puisque vous m'y forcez... (*fouillant dans sa poche*) Ce n'est pas moi qui vous ai prié de m'écrire... de recevoir mes lettres... de porter le bouquet que je vous ai envoyé.

MAD. DURFORT.

Et je souffrirais un pareil affront !.. mon mari.. monsieur Durfort, où est-il ?

SCÈNE XVI ET DERNIÈRE.

Les Précédens, ANNETTE, M. DURFORT, *poursuivi par* POUSSIF. (*Poussif est endimanché.*)

M. DURFORT.

A l'aide !... au secours !... arrêtez ce misérable !... il y a violation du droit des gens... oser porter la main sur moi !

POUSSIF.

Oui, morbleu !..... je t'apprendrai à aller sur mes brisées !...

M. DURFORT.

J'irai me plaindre au Sous-Préfet.

Le Bal champêtre.

Mad. DURFORT.

Eh! monsieur... il ne s'agit pas de cela; mais de me venger..... vous devez demander raison à monsieur qui vient de m'insulter.

M. DURFORT ET BELJAMBE, *chacun de leur côté.*

C'est ça... encore une affaire!...

(*En ce moment, la contredanse est interrompue, et plusieurs personnes du bal s'avancent pour connaître le sujet de la dispute.*)

PASTOUREL, *du haut de l'orchestre.*

(*A haute voix.*) Eh bien! messieurs, qu'est-ce que cela signifie?... interrompre ainsi le bal...

ANGELINA, *levant les yeux en l'air, et apercevant Pastourel.*

Qu'ai-je vu? Pastourel!...

ANNETTE, AMANDA, JOSÉPHINE ET TOINETTE, *se pressant autour d'elle.*

Ah! mon Dieu!.. elle se trouve mal. (*On la soutient; on lui fait respirer des sels.*

BELJAMBE.

Bravo!... il ne manquait plus que cela.

PASTOUREL, *toujours du haut de l'orchestre.*

Arrêtez, arrêtez, c'est à moi.... c'est au chef d'orchestre à rétablir l'harmonie... un seul mot va vous mettre d'accord.

BELJAMBE.

Il fait bien de venir à mon secours, car je n'y étais plus.

PASTOUREL, *montrant Beljambe.*

Je suis l'ami, le confident de monsieur..... et je dois le prévenir qu'on s'est moqué de lui... Oui, mon cher, c'est moi qui vous l'apprends.... moi Pastourel, votre rival... le prétendu de mademoiselle Angelina...

BELJAMBE.

Qu'est-ce-à dire?.... cette lettre que j'ai reçue...

ANNETTE *et les autres.*

C'est nous qui l'avons écrite.

BELJAMBE.

Le bouquet que j'ai envoyé.

ANNETTE.

C'est moi qui l'ai porté.

BELJAMBE.

Dieux !... quelle école !... Beljambe, mon ami, voilà un dimanche de perdu.... par bonheur, il y en a cinquante-deux dans l'année.

Mme. DURFORT.

Eh bien !........ que dites-vous maintenant des bals champêtres ?

M. DURFORT.

J'y renonce; et s'il faut être attrapé, autant ne pas sortir de chez soi.... c'est plus commode.

ANNETTE, *à Poussif.*

Vous voyez bien, monsieur, que tout ça était pour rire.... et que vous êtes un jaloux.

POUSSIF.

Taisez-vous, mademoiselle.... c'est vous qui vous êtes mêlée de toutes ces intrigues subalternes.... et moi, j'aime qu'on aille droit son chemin.... dans notre état, nous ne ne connaissons que la grande route.... ainsi, vous pouvez dès ce moment chercher un autre mari.

ANNETTE, *pleurant.*

Ah ! mon Dieu.... qu'est-ce que je vais devenir ?

TOINETTE.

Sois tranquille.... nous te raccommoderons.

ANNETTE.

Puisqu'il m'abandonne.

JOSÉPHINE.

On dit ça.... et l'on revient toujours.

ANGELINA, *à Pastourel.*

Ah ! monsieur Pastourel.... daignez-vous me pardonner un instant d'erreur dont je suis bien revenue ?

PASTOUREL.

Les artistes n'ont pas de rancune ; tout est oublié..... je retrouve mon bien.... que chacun reprenne sa place.... et achevons la contredanse.

VAUDEVILLE.

Air *de M. Adam.*

CHOEUR.

Livrons-nous à la danse,
Profitons des instans ;
Déjà l'hiver s'avance,
Pour chasser le printemps.

Premier couplet.

JOSÉPHINE, *à Annette.*

Il reviendra, ma chère,
Cesse de t'attrister ;
Les hommes ont beau faire,
On ne peut éviter...

PASTOUREL, *du haut de l'orchestre.*

La chaîne des dames.

CHOEUR.

Livrons-nous, etc....

Deuxième couplet.

ANGELINA.

On croit en mariage
N'avoir que d'heureux jours ;
Par malheur en ménage
Les époux sont toujours...

PASTOUREL, *du haut de l'orchestre.*

Dos à dos.

CHOEUR.

Livrons-nous, etc.

Troisième couplet.

TOINETTE.

L'hymen est une chaîne
Qui pèse bien souvent ;
Mais que l'amour survienne,
Alors on fait gaiment...

PASTOUREL, *du haut de l'orchestre.*
La chaîne à trois.

CHŒUR.

Livrons-nous, etc.

Quatrième couplet.

BELJAMBE.

Le sexe est peu fidèle,
Excepté les maris ;
Personne, d'une belle
Ne se croit à Paris...

PASTOUREL, *du haut de l'orchestre.*
Le cavalier seul.

CHŒUR.

Livrons-nous, etc.

Cinquième couplet.

AMANDA.

Voyez la prude Elmire,
A sa vertu l'on croit ;
Offrez un cachemire,
Et soudain, on la voit...

PASTOUREL, *du haut de l'orchestre.*
Balancez.

CHŒUR.

Livrons-nous, etc.

Sixième couplet.

POUSSIF.

Sur le champ de bataille,
Vieux soldat et conscrit
Courent à la mitraille,
Dès que l'honneur leur dit...

PASTOUREL, *du haut de l'orchestre.*
En avant.

CHOEUR.

Livrons-nous, etc.

Septième couplet.

MAD. DURFORT.

Gloire à notre patrie,
Au commerce français ;
Les arts et l'industrie
Ont brisé pour jamais....

PASTOUREL, *du haut de l'orchestre.*
La chaîne anglaise.

CHOEUR.

Livrons-nous, etc., etc.

Huitième couplet.

M. DURFORT.

Comblant notre espérance,
CHARLES règne sur nous ;
Plus de partis en France,
Ensemble, formons tous...

PASTOUREL, *du haut de l'orchestre.*
Le grand rond.

CHOEUR.

Livrons-nous, etc. etc.

Neuvième couplet.

ANNETTE, *au public.*

Si dans ce bal champêtre,
Pour détruir' notr' espoir,
La critiqu' veut paraître
Priez-la d' fair' ce soir...

PASTOUREL, *du haut de l'orchestre.*
La promenade.

CHOEUR.

Livrons nous, etc., etc.

FIN.

Le Libraire POLLET *est Éditeur des Pièces ci-après :*

MICHEL ET CHRISTINE, vaudeville en 1 acte, de MM. Scribe et Dupin. 1 50

LA DEMOISELLE ET LA DAME, ou Avant et Après, comédie-vaudeville en un acte, par MM. Scribe, Dupin et F. de Courcy. . . . 1 50

LES DEUX FORÇATS, ou la Meûnière du Puy-de-Dôme, mélodrame en trois actes, par MM. Boirie, Carmouche et Poujol. 1 25

BARBE-BLEUE, folie-féerie en 2 actes, mêlée de chants, précédée d'un Coup de Baguette, prologue en 1 acte, par MM. Frédéric et Brazier. . . . 1

L'AUBERGE DES ADRETS, mélodrame en 3 actes, par MM. Benjamin, St-Amand et Polyanthe. 1

LES GRISETTES, vaudeville en 1 acte, par MM. Scribe et Dupin. 1 50

LA VÉRITÉ DANS LE VIN, vaud. de MM. Scribe et Mazères. 1 50

LE RETOUR, ou la suite de Michel et Christine, vaud. en 1 acte, par MM. Scribe et Dupin. 1 50

LE DERNIER JOUR DE FORTUNE, vaudeville par MM. Dupaty et Scribe. 5 10

RODOLPHE, ou Frère et Sœur, drame, par MM. Scribe et Mélesville. 1 50

LISBETH, ou la Fille du Laboureur, mélodrame en 3 actes, de M. V. Ducange, tiré de Léonide, ou la vieille de Surène, du même 1

ROSSINI A PARIS, ou le Grand Diner, a-propos-vaudeville en 1 acte, par MM. Scribe et Mazères. . . 1 50

L'HÉRITIÈRE, vaud. en 1 acte, par MM. Scribe et G. Delavigne. 1 50

LE COIFFEUR ET LE PERRUQUIER, vaudeville en un acte, par MM. Scribe, Mazères et Saint-Laurent. 1 50

L'ACCORDÉE DE VILLAGE, comédie-vaudeville un acte, par MM. Brazier, Carmouche et Jouslin de la Salle. 1 50

LE FONDÉ DE POUVOIRS, vaudeville en 1 acte, par MM. Carmouche et ***. . 1 50

LA MANSARDE DES ARTISTES, vaudeville en 1 acte, par MM. Scribe, Dupin et Varner. 1 50

LE LEYCESTER DU FAUBOURG, vaud. en 1 acte, par MM. Henri et Carmouche. 1 50

LE BEAU-FRERE, ou la Veuve à deux Maris, vaudeville en un acte, par MM. Paulin et Saint-Hilaire. 1 50

LE BAISER AU PORTEUR, vaud. en 1 acte, par MM. Scribe, Justin Gensoul et de Courcy. 1 50

LE DINER SUR L'HERBE, tableau-vaudeville en un acte, par MM. Scribe et Melesville. 1 50

LES ADIEUX AU COMPTOIR, vaudeville en un acte, par MM. Scribe et Melesville. 1 50

LE COMMISSIONNAIRE, mélodrame en 3 actes, par MM. Ferd. Laloue et Ménissier. 1 25

LE QUINZE, ou les Déménagemens, vaudeville en 1 acte, par MM. Fréd. de Courcy et F. Langlé. . . . 1 50

LE MULATRE ET L'AFRICAINE, mélodrame en 3 actes, par MM. Frédéric et Laqueyrie. 1 25

LA PETITE SOMNAMBULE, vaudeville en un acte, par MM. Ch. Dupeuty et Ferd. de Villeneuve. 1

LE CHATEAU DE LA POULARDE, vaudeville en un acte, par MM. Scribe, Dupin et Varner. 1 50

www.ingramcontent.com/pod-product-compliance
Lightning Source LLC
Chambersburg PA
CBHW070714050426
42451CB00008B/637